U0509750

中轴旧影

李彦成 主编

文物出版社

图书在版编目（CIP）数据

中轴旧影 / 李彦成主编. － 北京：文物出版社，2018.10

ISBN 978-7-5010-5623-1

Ⅰ. ①中… Ⅱ. ①北… Ⅲ. ①古建筑－北京－图集 Ⅳ. ①K928.71-64

中国版本图书馆CIP数据核字(2018)第150017号

中 轴 旧 影

主　　编：李彦成

责任编辑：许海意　张晓悟
装帧设计：刘　远
责任印制：张道奇

出版发行：文物出版社
社　　址：北京市东直门内北小街2号楼
邮　　编：100007
网　　址：http://www.wenwu.com
邮　　箱：web@wenwu.com
经　　销：新华书店
印　　刷：鑫艺佳利（天津）印刷有限公司
开　　本：889mm×1194mm　1/16
印　　张：11.75
版　　次：2019年4月第1版
印　　次：2019年4月第1次印刷
书　　号：ISBN 978-7-5010-5623-1
定　　价：188.00元

本书版权独家所有，非经授权，不得复制翻印

编委会

顾　问：王世仁　宋大川　许　伟　李　季
　　　　戴　俭　王有泉

主　编：李彦成

成　员：李彦成　徐雄鹰　陶　刚　张树伟
　　　　李　梁　李　博　李　攀　崔　好

自序

◎此书编撰历时多年，不知不觉我已经退休。回顾三十多年的工作经历，我最大的感触是觉得自己极为幸运，选择了一份我所热爱并乐意为之奋斗一生的职业——古建筑保护修复。从正阳门（1989～2004年历次维修）、永定门（2004年亲手复建）、五牌楼（2006年复建）复建，到太庙、北海、景山、后门桥、鼓楼、钟楼、故宫修缮，均是圆满完成任务。如今偶尔途经这些地方，心中也不由升起几分自豪。但我也深知，每次工程都是一次考验，考验我这个50年代出生并没见过老北京的人。幸好，部分遗留下来的历史照片，为恢复北京历史性地标建筑留下了珍贵的影像资料。

◎对于北京城文物古建的老照片，我怀有很深的情结。当朋友王志军告知，文物出版社有大批北京老照片需深入整理，便约了李梁先生同去查阅辨识。令我深感有缘的是，这组照片虽然大多不是以建筑为主题拍摄的，但仍从不同侧面展示了20世纪三四十年代老北京建筑的旧影风貌。很多古建筑的复建或修复工程我都亲自参与过，也了解这些古建筑的每一处细节。便欣然答应承接照片图集的编纂整理工作，并拟《中轴旧影》为题，遴选老北京中轴线上及两侧主要建筑的老照片编次成册，旨在为年轻一代的北京人和对老北京历史有着浓厚兴趣的外地人提供一本了解北京古都风貌的入门之作。

◎本书对此组老照片的编排处理，按照片内容的不同，划分为十四个专题。介绍的顺序，则大致采取由南及北、先主后次、从中间到两侧的空间顺序；各专题中对具体照片的描述，则统一采用由整体到局部、由主要到其次的逻辑顺序。希望能使读者翻阅后，能够对老北京城中轴线上建筑的整体印象，体验这一伟大古都和文化遗产带来的震撼。

◎人生如梦，三十多年致力于修复文物古建，在退休时又凭借此书编写，指导我的学生认识北京、宣传北京，让他们去做力所能及的工作。此书付梓印行，首先感谢文物出版社张自成社长的恢宏大度，将此重任托付给我；感谢北京市文物公司的王志军先生牵线搭桥；感谢李梁先生的辛勤付出；感谢学生王冬阳、康玉的协助；更要感谢恩师王世仁先生的耐心指导和谆谆教诲，先生对本书立意的肯定，是我编撰此书的最大动力；而先生不顾酷暑审改此稿，则又是对我的激励与鞭策。

◎谨以此书纪念我的外祖母张振坤（1900～1988）

目录

永定门

永定门位于老北京中轴线的最南端，是出入京城的通衢要道。永定门始建于明嘉靖三十二年（1553年），嘉靖四十三年（1564年）补建瓮城，并命名为『永定门』，取『永远安定』之意。清乾隆十五年（1750年）增建箭楼，重建瓮城。乾隆三十一年（1766年）永定门城楼重修，加高城台和城楼屋顶，成为了老北京外城七座城门中最大的一座。永定门城楼采用重檐歇山三滴水的楼阁式建筑，灰筒瓦、绿剪边，装饰以琉璃瓦脊兽。

1900年，八国联国占领北京，拆除了永定门西侧部分城墙，将在城外马家堡的京津铁路终点站移到天坛。通过这些老照片，可见永定门城楼、箭楼、瓮城及城墙风貌。20世纪50年代，面对城市建设与古城保护的矛盾，认为北京古城『完全是服务于封建统治者的意旨』（1953年11月《改建与扩建北京市规划草案的要点》）。1951年起，永定门瓮城与城墙陆续拆除，至1957年永定门及箭楼被拆除。现在的永定门，系2004年重建。

永定门外

从这张照片上，可以清晰地看出永定门城楼及其箭楼的建筑形制。永定门城楼为重檐歇山顶，灰筒瓦绿琉璃瓦剪边顶；箭楼则规制较小，采用单檐歇山顶，灰瓦。永定门往北便是繁华的天桥地区，此照片可见商贩往来的情形。

永定门由于位置原因，其北便是商埠云集的天桥地区，自身也因之而繁荣起来。

图中较清晰地反映了永定门城楼内城为重檐歇山三滴水楼阁式建筑。

永定门瓮城

永定门是逐步建成的，明嘉靖三十二年（1553年）修建了城门楼，嘉靖四十三年（1564年）补建瓮城，清乾隆十五年（1750年）增建箭楼。直到乾隆三十一年（1766年）重修永定门城楼，才奠定其后来的规制。这张照片，从侧面记录了永定门城楼、箭楼和瓮城的形制和建筑比例关系。

永定门是明代中后期扩建北京城修建的，位于整个北京城最南端，相片中所摄即为永定门及其瓮城箭楼和护城河。

永定门外的街道

永定门外的雪景

扩建完成后的永定门，代替正阳门成为整个北京城的南大门以及中轴线的起点。

从永定门远望正阳门

永定门内大街街景

自永定门城楼眺望永定门内大街景象，远处隐约可见高耸的建筑是正阳门城楼。

从永定门远望前门及之间的百姓生活。

暮色中的永定门外街道

永定门为老北京城最南端外城城门，于明嘉靖四十三年（1564年）建成。建成后，北京中轴线由正阳门向南延伸至永定门。

雪后永定门外的城墙

天橋西溝旁東口

天桥

天桥地区因桥而得名，原来是有桥的。该桥位于天坛西北，建于明代，系汉白玉单孔高拱桥，南北向跨过龙须沟。因为皇帝前往天坛祭天的必经之桥，故称『天桥』。清光绪三十二年（1906年）整修正阳门至永定门的马路，天桥改建为矮石桥。1929年，为方便有轨电车通过，桥身被修平。1934年，为拓宽马路，将天桥两旁石栏杆全部拆除，桥址便不复存在。

天桥地区是指位于前门外、南纬路以北、永安路与曙光路以南、东经路以东、天坛西坛以西的广大地区，为老北京平民游艺场所聚集地和商品市场，后来形成了面向平民大众的、集文化娱乐与商业服务为一体的『京味』天桥文化。从这些老照片中，可以领略20世纪三四十年代天桥地区北京市民的生活风貌。

天桥的路标

天桥大街『天桥西沟旁东口』路标，大致位于今天的永安路东端。天桥原为皇帝至天坛祭天的必经之桥，意为『通天之桥』，明朝时建汉白玉单孔高拱桥，清光绪时拆除。后天桥区域逐渐演变为北京普通百姓游艺场所和市场。

天桥商铺俯瞰

沿街开设的商铺

精一鐘表店

天桥市井生活·北京百姓的悠闲生活

居住在天桥附近的人，在当时多为底层的劳动人民

天桥市井生活·天桥风景

中午时分的天桥街景

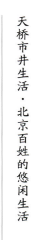

天桥茶馆

茶馆里的『北京味儿』茶馆作为老北京文化的一部分，是说书艺人聚集之地，茶馆在天桥附近为数不少。北京地区茶馆多为照片中那样的『茶亭』，最初仅仅是茶肆，清朝时开始发展成为大众的娱乐场所，上演说书、相声、梆子等曲艺。

天桥照相馆

天桥是老北京市场之一，有许多各种靠卖艺、技术生活的人。

天桥镶牙馆

作为各种才艺人的聚集地，老北京最南部的天桥可谓包罗万象，照片中拍摄的为一处镶牙所（牙科诊所）。

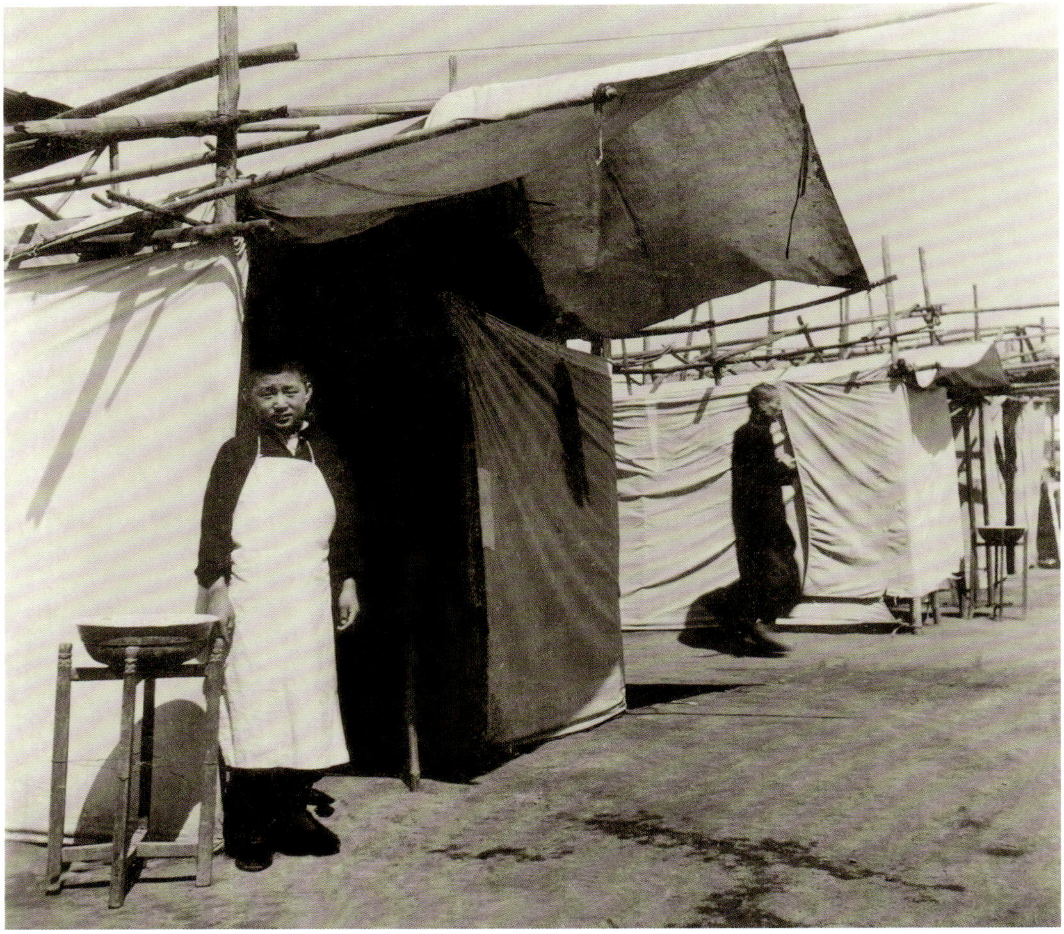

天桥简易理发所

天桥的理发店十分简易，仅为木架所搭成的帐篷，是民国时期北京小商铺的真实写照。

天桥小吃摊

老北京的地摊。据原照片上的文字记录，这是一张拍摄于北京天桥的照片。

天坛

天坛建成于明永乐十八年（1420年），是明、清朝两代帝王冬至日时祭皇天上帝和正月上辛日行祈谷礼的地方。天坛位于永定门东北、正阳门东南方向，北京中轴线东侧。占地272万平方米，建筑布局呈『回』字形，有两重垣墙，形成内坛、外坛两大部分。天坛是依据古代阴阳五行等学说进行选位、规划、建造而成，处处『象天法地』：南围墙呈方型象征地，北围墙呈半圆型象征天，以示天圆地方；又北高南低，以示天高地低。天坛的主要建筑物集中在内坛中轴线的南北两端，其间由一条宽阔的丹陛桥相连结，由南至北分别为圜丘坛、皇穹宇、祈年殿和皇乾殿等；另有神厨、宰牲亭和斋宫等建筑和古迹。

天坛建筑，集中体现了中国古代哲学、数学、力学、美学、生态学，是中国古代建筑代表作。1961年，国务院公布天坛为『全国重点文物保护单位』；1998年被联合国教科文组织确认为『世界文化遗产』。通过这批老照片，可见天坛圜丘坛、祈年殿、皇穹宇、皇乾殿以及长廊、南门、西门等建筑三四十年代的状况。

天坛西天门

清代以前为天坛正门，是皇帝前来祭祀时进出的大门，今日之东、南、北门均为后来新辟。此照片系从天坛园内拍摄的西门内景，门洞里可见天坛西门。天坛西天门，也即祈谷坛门。

天坛鸟瞰

此为天坛全景鸟瞰照片，清晰地反映了天坛沿『圜丘—皇穹宇—祈年殿—皇乾殿』轴线对称分布的建筑布局。这种极其规整、庄重的轴对称布局方式，异于苑囿等闲适场所的完全不对称布局，是中国礼制建筑的一大特点，把神圣庄严之地烘托得更加气势磅礴。

圜丘坛

圜丘坛是皇帝冬至举行祭天大典的场所，建于明嘉靖九年（1530年），清乾隆十四年（1749年）扩建。主要建筑有圜丘、皇穹宇及配殿、神厨、三库及宰牲亭，附属建筑有具服台、望灯等。圜丘坛有两道壝墙，外方内圆，象征天圆地方；坛体形圆象天，三层坛制，每层东西南北四面出台阶九级。上层中心为一块圆石，称太阳石或天心石；外铺扇面形石块九圈，内圈九块，向外倍增，象征天数；各层栏板望柱及台阶数目均用阳数（又称『天数』，即九的倍数），符『九五』之尊。

由皇穹宇向南拍摄的圜丘全景图，远处建筑为昭亭门，亦称南天门。

自东南内壝墙外拍摄的圜丘全景图。左边是南棂星门，右边尖顶建筑为皇穹宇。

燔柴炉遗迹，位于圜丘坛外壝内东南，坐南朝北，圆筒形，绿琉璃砖砌成，其东西南三个方向各出台阶九级。顶部建筑已经损毁无存。

燔柴炉与燎炉

圜丘外壝墙内有燔柴炉，是皇帝祭天时烧松柏木和总燎时烧祝文（祭文）、祝帛的地方。

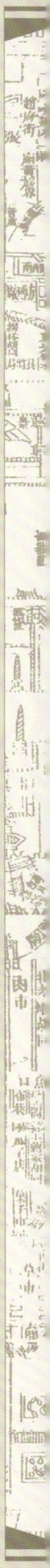

皇穹宇

圜丘北是皇穹宇，是圜丘坛的正殿，月于平日供奉祀天大典神版的殿宇。附属建筑有东西配殿和回音壁等。建于明嘉靖九年（1530年），原名『泰神殿』，嘉靖十七年（1538年）改名为『皇穹宇』。该殿『鎏金宝顶单檐蓝瓦圆攒尖顶』形，无横梁，全靠八根檐柱，八根金柱与众多斗拱支托圆上之攒尖顶；三层斗拱层层上叠，顶部中间为金龙藻井；南向开户，菱花格隔扇门窗，蓝琉璃槛墙，东西北三面封以砖摆到顶；上覆蓝瓦金顶，精巧而庄重。周围的围墙呈圆形，起到传音的作用，故称回音壁。

图中燎炉共八座，称『配位燎炉』，位于圜丘燔柴炉东北方，用以焚化清朝前八代先祖神位前所陈的供品。

皇穹宇及附属建筑

此由皇穹宇西南方向所拍的景象。尖顶建筑为皇穹宇，左侧为其西配殿，右侧为门，围墙即回音壁。

回音壁

图左边圈形围墙即皇穹宇内回音壁。此壁采用山东临清特产的『澄浆砖』对缝砌成，内垣光滑平整，为优良的声音反射体。其源自统治者对上天的尊崇，使祭天时以回音放大声音，希望『上达天听』。

图中『注意回音』告示牌附写有日文，推测当摄于日军侵占北平城时期。

鸟瞰祈谷坛

祈谷坛，是举行孟春祈谷大典的场所，建于明永乐十八年（1420年）。主要建筑有祈年殿、皇乾殿、东西配殿、祈年门、丹陛桥等。从此鸟瞰图，可以清楚看出祈谷坛『一殿两厢』的整体布局。祈年殿及其下圆坛之『圆』与整个外垣之『方』，体现了古人关于『天圆地方』的传统宇宙观。

祈年门外券门

此照片系从丹陛桥向北拍摄的祈年殿外景。祈年门为祈年殿的南门，南门外有一券门，即此照片能见的三拱形门建筑。宽阔的大道系神路，用城砖及条石砌成，高出地面3米多，自皇穹宇成贞门始，直至祈年门外券门，称为丹陛桥。此券门遮挡住了祈年门，其左右飞檐下露出的飞檐，系祈年门飞檐；此券门正上露出的是祈年殿金顶；左右两边的庑殿屋顶，系祈谷坛配殿。

回望皇穹宇

这两张照片于祈年门南向回望皇穹宇之景象。从左图，下可见崇基石栏，上可见殿檐，由此可见拍摄地应为祈年门。穿过南券门远望，尖顶系皇穹宇尖顶；三门建筑为成贞门；宽阔的长道，则是长达360米丹陛桥神路。丹陛桥始建于明永乐十八年（1420年），长360米、宽30米，是一座巨大漫长的砖石平台，因其下面有两孔涵洞而称桥。南接圜丘成贞门，北接及祈谷坛南券门，将圜丘与祈年殿结为一体，构成天坛建筑的主轴线。

祈年门

祈年门系祈年殿院落的正门，立于祈年殿南侧。为庑殿顶建筑，殿宇五楹，中三间为门，崇基石栏，是中国古代最高等级门制。

门内依稀可见成贞门和远处皇穹宇金顶。由此可见天坛内自祈年殿至皇穹宇（直至圜丘）是一条笔直的轴线。

天坛祈年殿

祈年殿在天坛的北部，也称为祈谷坛，为明清皇帝孟春祈谷之所。始建于明永乐十八年（1420年），为天坛最早的建筑物。初名大祈殿、大享殿，清乾隆十六年（1751年）修缮后，改名祈年殿。祈年殿系一座圆形建筑，鎏金宝顶三重檐攒尖顶，层层收进。大殿建于高6米的白石雕栏环绕的三层汉白玉圆台上，殿高38米，以28根金丝楠木环绕，支撑殿顶重量：里圈的4根寓意春夏秋冬四季，中间一圈12根寓意12个月，最外一圈12根寓意12时辰以及周天星宿。

作为世界文化遗产天坛的重要部分，祈年殿已经成为北京的象征符号之一。

清晰地体现了祈年殿之整体建筑形制，包括三重之檐，金顶及其立下之三层圆坛。

在左侧庑殿拍摄祈年正殿。

皇乾殿

皇乾殿，是专为平时供奉『皇天上帝』和皇帝列祖列宗神版的殿宇，坐落在祈谷圆坛北矩形院落内。建于明嘉靖二十四年（1545年）。是一座庑殿式大殿，覆蓝色琉璃瓦，下有汉白玉石栏的台基座。

天坛无梁殿

民国时期，很多老建筑都砖落失修，即使是位于天坛内的这处建筑物也不例外。天坛无梁殿，又称无量殿，位于天坛西门内的斋宫。正殿为五间无梁殿，是京都著名建筑之一。

天坛长廊

又称供菜廊子，明清时期长廊是运送祭祀贡品的通道。在祈谷坛之东，呈曲尺形，连接祈谷坛东砖门、神厨院及宰牲亭。长廊为天坛原始建筑，始建于明永乐十八年（1420年），仿南京天地坛旧制，长廊初建时设75间，清乾隆十七年（1752年）改制为72间。旧时长廊有栅窗及槛墙，式如房舍，又称七十二连房。1937将七十二连房辟为游廊。

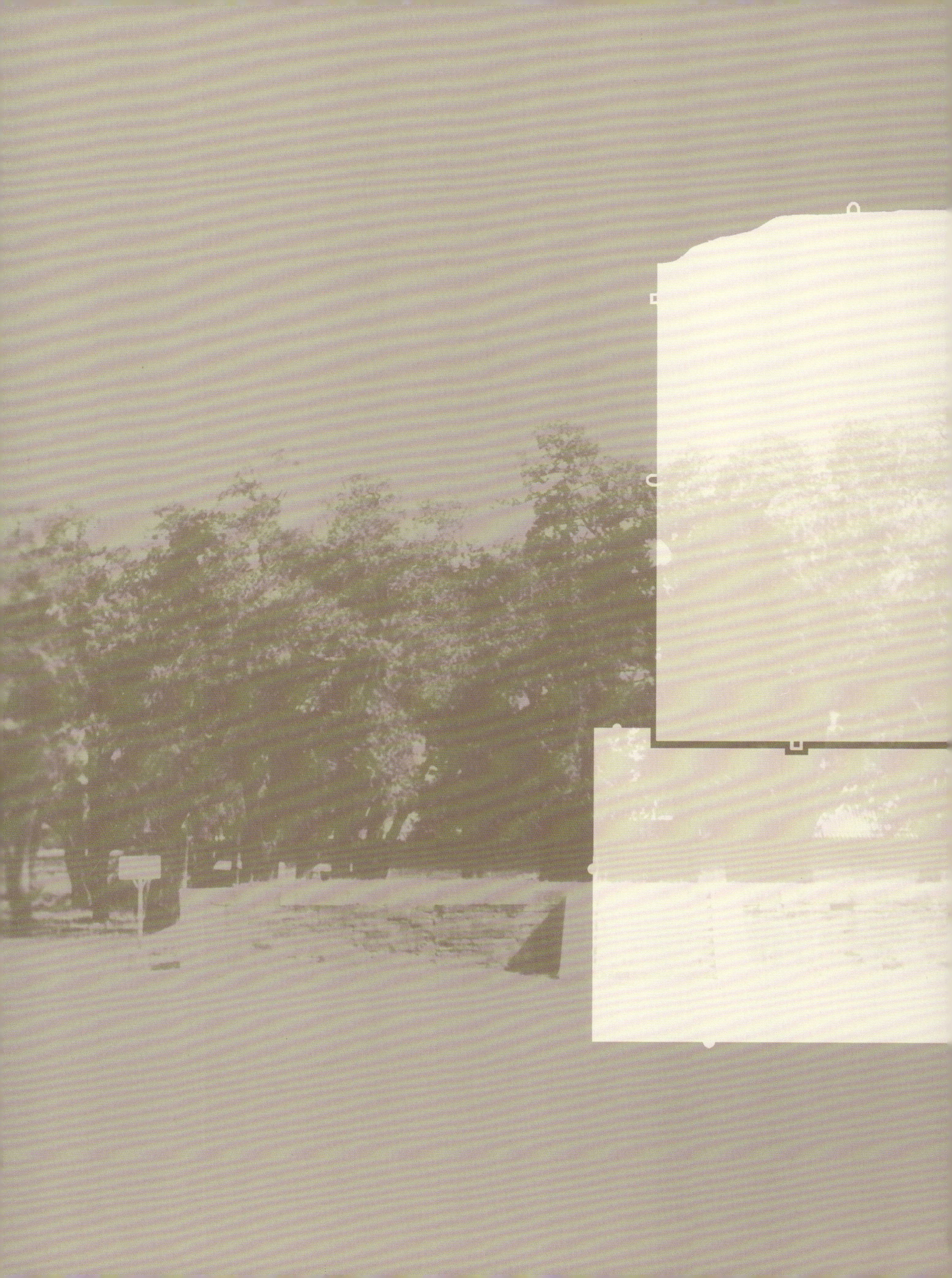

先农坛

先农坛位于永定门西北、正阳门西南方向，北京中轴线的西侧。建成于明永乐十八年（1420年），是明清两代皇家行籍田礼祭祀先农诸神的场所。明嘉靖九年（1530年）改建为天神、地祇二坛。后又有不断修缮和新增建筑。占地2000亩，有观耕台、先农坛、天神坛、地祇坛等四座坛台，庆成宫、太岁殿（含拜殿及其前面的焚帛炉）、神厨（包括宰牲亭）、神仓、俱服殿五组建筑群。

1900年八国联军侵入北京，先农坛成为美军训练场；北洋政府时，先农坛部分外墙被拆除；民国时期，先农坛先后于1915、1918年被辟为先农公园、城南公园；30年代初又将其东南外坛辟为体育场。2001年被公布为『全国重点文物保护单位』。从这批老照片中，可见出观耕台、太岁殿、天神坛、地祇坛等。

先农坛门口

现为北京先农坛体育场。门口标牌为『北京特别市公共体育场』，门楣两旁。悬挂的当为五色旗，应摄于三十年代后期日伪统治时期。

先农神坛

先农神坛是古代帝王进行『郊祀』的地方，位于先农坛内坛。始建于明嘉靖年间（1522~1566年），清乾隆十九年（1754年）重修。坛体是一座砖石结构的方形平台，长宽各15米，高1.5米，四面出陛，台阶八级。现存北京古代建筑博物馆内。

观耕台

在先农神坛之南，台南向，三出陛，东、西、南两面台阶各八级。方形，各边16米，高1.5米。明嘉靖年间（1522~1566年）始建时为木结构。清乾隆十九年（1754年）改建为砖石结构。台周饰以黄琉璃瓦，并以汉白玉石栏围绕。民国期间，台上建一座八角琉璃亭。

先农坛内除了主体建筑外，还有观耕台，照片所摄即是。

太岁殿

先农坛内天神坛（供奉云神、雨师、风伯、雷神）

地祇坛

先农坛内的石龛

现在北京古代建筑博物馆内。

天神坛

先农坛内的天神坛，祭祀云、雨、风、雷等神祇。

正阳门·前门大街

正阳门，俗称前门，位于北京中轴线上，包括箭楼和城楼，原由瓮城墙连为一体，现由道路分割成两部分。正阳门，建于明永乐十七年（1419年），沿用元大都丽正门的名称。明正统元年（1436年）改称正阳门；正统四年（1439年），京师各城门外添建箭楼，并筑瓮城，正阳门亦是。正阳门屡次焚毁重修，目前的城楼和箭楼都是民国初年重修的，瓮城也因改善交通被拆除了。

明代时，突破了元代『前朝后市』的城市定制，正阳门周围南至鲜鱼口、廊房胡同一带出现大量工匠作坊、茶楼和戏园，形成了著名的前门大街商业区。清光绪二十六年（1900年），京奉、京汉铁路开通，在前门外设立东西两个火车站，商业盛极一时。1949年2月3日，中国人民解放军曾在此举行盛大的入城式。1988年，国务院公布正阳门为全国重点文物保护单位。

这批老照片中，还可看到正阳门前的观音庙、前门大街的车轨和商业景象。

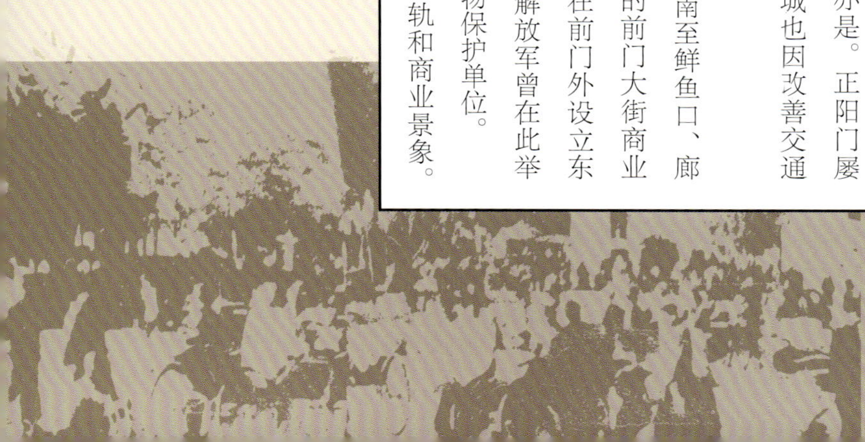

正阳门城楼与箭楼

从这张老照片中，可以看到正阳门外的集市。

正阳门外

这是一组正阳门城楼的老照片。较清晰显示出其重檐歇山顶的建筑样式，城台下辟的五伏五券式门洞。从照片上，可清晰看到正阳门城楼外的观音庙，此庙建于明崇贞（1628~1644年）年间，于上世纪60年代末因修地铁拆掉。

正阳门箭楼

箭楼，顾名思义，为驻扎弓弩手、火器手之处，防御敌人攻城。如图所示，城墙、箭楼高耸，难以攀登。箭楼始建于明正统四年（1439年），现存箭楼为民国初年重建。箭楼上所开小洞均为弓弩手射击之处，使人望之不免感觉肃杀之气迎面袭来。

前门火车站

前门火车站全称『京奉铁路正阳门东车站』，位于箭楼东面。建于清光绪二十九年（1903年），光绪三十二年（1906年）启用。车站由英国人主持设计管理，主体为欧式风格。与之相对，箭楼西面还有一座前门西火车站，为平汉铁路始点。

现北京火车站1958年建成投入使用后，拆除了正阳门西火车站，东火车站也于1959年停用。现在东火车站主楼改造成为北京铁路博物馆，2003年改名为中国铁道博物馆正阳门馆，主要展出中国铁路130多年来的艰辛历程和新中国建设铁路的辉煌成就，是北京爱国主义教育基地之一。

两图分别从东、西两侧反映了火车站的情景。

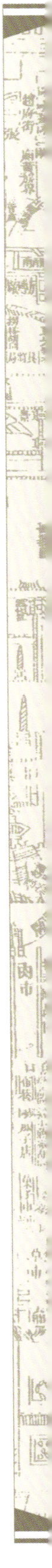

箭楼一带街景

正阳门箭楼在近代失去了其防御意义，成为北京人游览的场所。1928年此处被辟为国货陈列所，30年代增设电影院，该处成为一处繁华、热闹的场所。两张照片，都能明显看出正阳门一带当年热闹的市井景象。

左图还能看到当时的有轨电车。

北向见正阳门箭楼

西南向见前门大街景象。牌楼下可见电车的铁轨通过。

正阳门牌楼

此牌楼，俗称五牌楼，因其五间六柱五楼的建筑样式而得名。明正统四年（1439年）建成时为木结构。正间额坊间镶『正阳桥』匾额。原箭楼前有护城河一道，跨河有桥，名『正阳桥』，牌楼在桥南。

此两图正好从南北两个方向拍摄了五牌楼。

前门大街某胡同口，就有『其士林咖啡馆』的标牌。

前门大街西侧店铺

正阳门大街

新中国成立初期仍称正阳门大街，1965年始定名为前门大街。这里是北京著名的商业街，北接正阳门，南接天桥大街。明朝中叶，正阳门大街形成商业街；清初，大街两侧形成了许多专营集市；清末，随着箭楼两侧东西火车站的设立，前门大街还成了北京同外地联系的交通枢纽。正阳门大街建筑带有较多的西洋特色，不少商家店铺开始做『舶来品』之生意。

其士林
鎚頭其士林
其士林

大栅欄

大栅栏

大栅栏街原称『廊房四条』，已有500多年历史，兴起于元朝，清代开始繁盛。是北京著名商业区，为瑞蚨祥、张一元、内联升、同仁堂、步营（瀛）斋等老字号店铺云集之地。由于明代实行『宵禁』政策，于街道口钉立木栅栏而得名，延用至今。

从右下图中我们可以清楚看到『瑞蚨祥绸缎洋货店』的标牌。大栅栏瑞蚨祥店为光绪十九年（1893年）开业，至民国初年已成为北京最大的绸布店，其下的五个字号均位于大栅栏内。

西打磨厂街口

位于前门大街东侧，入口处是著名的老字号『王麻子』刀剪店。

芝麻福胡同

据考证，这条胡同名为『芝麻福』，位于前门大街附近。

小摊贩

前门外的街市，形成前门区域的老北京文化，有重要的保存价值。其中颇具特色的，如照片内展示的，是提着秤，高声吆喝的小摊贩。

交民巷

交民巷原是一条胡同，东起崇文门内大街，西至北新华街，全长6.5里，是老北京最长的一条胡同。原称江米巷，元大都时，有一条水路经通惠河接连大运河，系江南运粮船卸粮售卖之地。明代时，修棋盘界，将交民巷分为东交民巷、西交民巷两段；东交民巷设有礼部及鸿胪寺、会同馆，接待藩属国使节。清咸丰十年（1860年）第二次鸦片战争后，英、法、美、俄公使分别入驻此巷，为使馆区设立之始；清咸丰二十六年（1900年）八国联军侵入北京，据《辛丑条约》改为名Legation Street（东交民巷），成为各个使馆自行管理的使馆区，成为『城中之城』，也成为了那段屈辱历史的见证。1949年2月3日，中国人民解放军入城式，特受命全副武装昂首通过东交民巷，洗刷了50年来中国武装人员不得进入东交民巷的耻辱。西交民巷是晚清以来到20世纪后期约一百年的金融街。街内有张廷阁宅（双合盛酒厂老板宅院）、中央银行北平分行旧址、中国农工银行旧址，以及大陆银行旧址、北洋保商银行旧址等文物保护单位。2001年6月25日，东交民巷建筑群被国务院公布为全国重点文物保护单位。2013年3月5日，西交民巷近代银行建筑群被国务院公布为第七批全国重点文物保护单位。

英国大使馆

原为梁公府，建于咸丰十一年（1861年），位于东交民巷北侧。

苏联驻华使馆

苏联驻华使馆是继承了原沙俄的使馆。清雍正五年（1727年）《恰克图条约》签订后，俄罗斯传教士即在东江米巷修建东正教堂（奉献节堂），俄罗斯使用官员和商人常驻于此。时有『俄罗斯馆』之称，俗称『骚达子馆』。清咸丰十年（1860年）11月，中俄《北京条约》签订，俄国驻华公使取代传教团，『俄罗斯馆』也升级成为真正的驻华使馆。后又几经扩建，曾为苏联使馆。1927年，李大钊即于此被捕。

法国驻华使馆

原为庆公府，建于清咸丰十年（1861年），位于东交民巷路。

德国驻华使馆

东交民巷入口

黑箭头为照片原有。

西交民巷

这张老照片拍摄的是西交民巷民居，远处高层建筑为正阳门城楼。

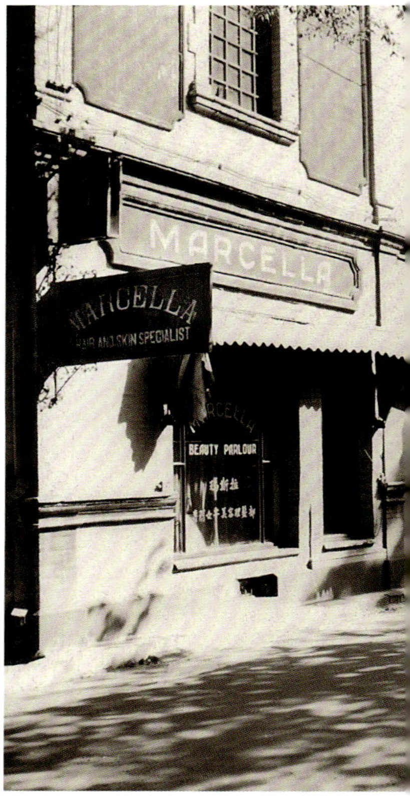

拉黄包车服务的中国人，图中的交警疑为外国警察。

交民巷的建筑

这是一组交民巷街景。作为使馆区，成了外国人在北京的聚居区域，形成了颇具特色的建筑群落，其现代化设施是当时北京城最先进的。

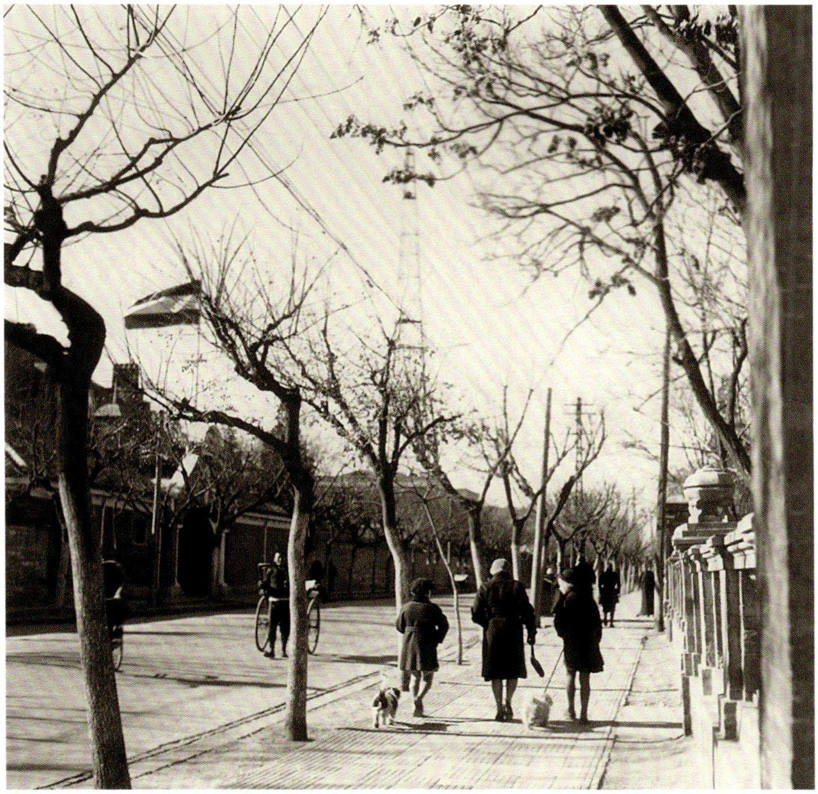

外国妇女逛街的情形

交民巷的外国商店

拉黄包车服务的中国人。图中再现了东交民巷街口的交通岗和红绿灯标志，

中华门

今已不存。原为北京皇城的正南门，旧址在北京中轴线上，正阳门北，现人民英雄纪念碑南边毛主席纪念堂一带。建于明永乐年间（1403~1424年），明代称大明门，清代称大清门，民国时称中华门。作为皇城与市井的分界，中华门与永定门、正阳门不同，不是城楼，而是一单檐歇山顶的砖石结构建筑，规制很高。明朝时门外还有下马碑，到此文官下轿武官下马，门内就是皇家御道，除皇帝、皇后、皇太后的龙车凤辇外，其他人只能步行通过。

1954年因扩建天安门广场而拆除。1976年毛泽东同志逝世后，在此原址处修建了毛主席纪念堂。

中华门

中华门的地位十分重要，由其名称在历史上更迭而可见一斑。

从这两张老照片，反映出帝制结束后，中华门较之大清门少了许多皇家禁制。上图可见在中华门下纳凉的人们；下图可见赶猪者从大清门一带经过。

天安门

天安门位于皇城南垣正中，为明清时代皇城的正门，与东安门、西安门、地安门并为皇城四大门。始建于明永乐十八年（1420年），称『承天门』，寓『承天启运、受命于天』之意；清顺治八年（1651年）改建并更名为『天安门』，寓意『承天启运、安邦治国』之意。面阔九间，进深五间，象征皇权九五至尊。门前有金水河，上建5座金水桥。桥南左右设石狮一对；天安门前后各设一对华表，分居东、西。

1949年10月1日，毛泽东主席在天安门城楼上庄严宣告新中国的诞生；天安门城楼图案出现在中华人民共和国国徽中，成为中华人民共和国的象征。

1961年，天安门城楼被国务院公布为全国重点文物保护单位。

1958年改造天安门广场时，将天安门北侧马道包在了城台内；1969年天安门城楼落架重建，对其原来的规制、结构、装饰均有改动；1984年城楼再度大修，原有的规制及装饰又得到了恢复。

天安门

老照片真实再现当年的天安门，甚至骡拉车于华表旁经过，颇有意趣。

天安门城楼上眺望正阳门

近处为金水桥，远处高耸着正阳门城楼，中间隐约可见中华门。此图反映出老北京城中轴线的城门规制，使人强烈感受到500多年前古人营造北京城的气魄。北京中轴线不仅为中国建筑史上的一个奇迹，也是世界建筑史上的一项宝贵财富。

天门安及金水河前的石栏

春天的天安门

天安门戗脊上的走兽

走兽又称小兽，古代汉族宫殿建筑屋顶檐角所用装饰物。根据建筑物的规制高低、规模大小定其使用数量，一般采用单数，天安门用10个，其排列顺序为龙、凤、狮子、天马、海马、狎鱼、狻猊、獬豸、斗牛、行什。

天安门前的华表与石狮子

天安门前的华表上都有一个蹲兽，头向宫外；天安门后的那对华表，蹲兽的头则朝向宫内。传说，这蹲兽名叫犼，性好望，犼头向内是希望帝王不要成天呆在宫内吃喝玩乐，希望他经常出去看望他的臣民，它的名字叫『望帝出』；犼头向外，是希望皇帝不要迷恋游山玩水，快回到皇宫来处理朝政，它的名字叫『望帝归』。

据原相片上文字记载，这张照片是在午门上向端门方向拍摄的。北京悬挂五色旗有两个时段，一是北洋政府时期（1912～1928年），一是日伪时期。此照片摄于日伪时期。

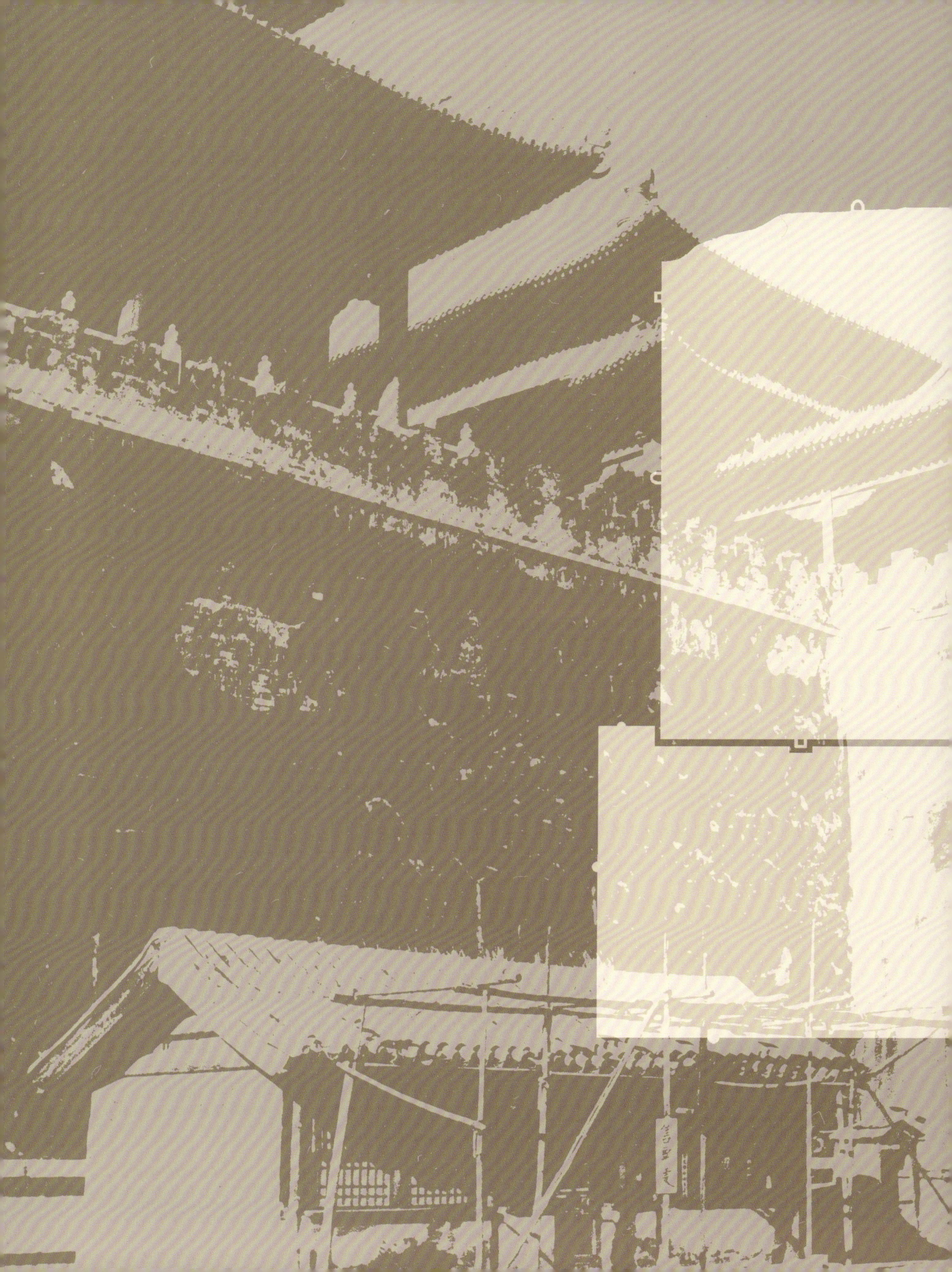

历史博物馆

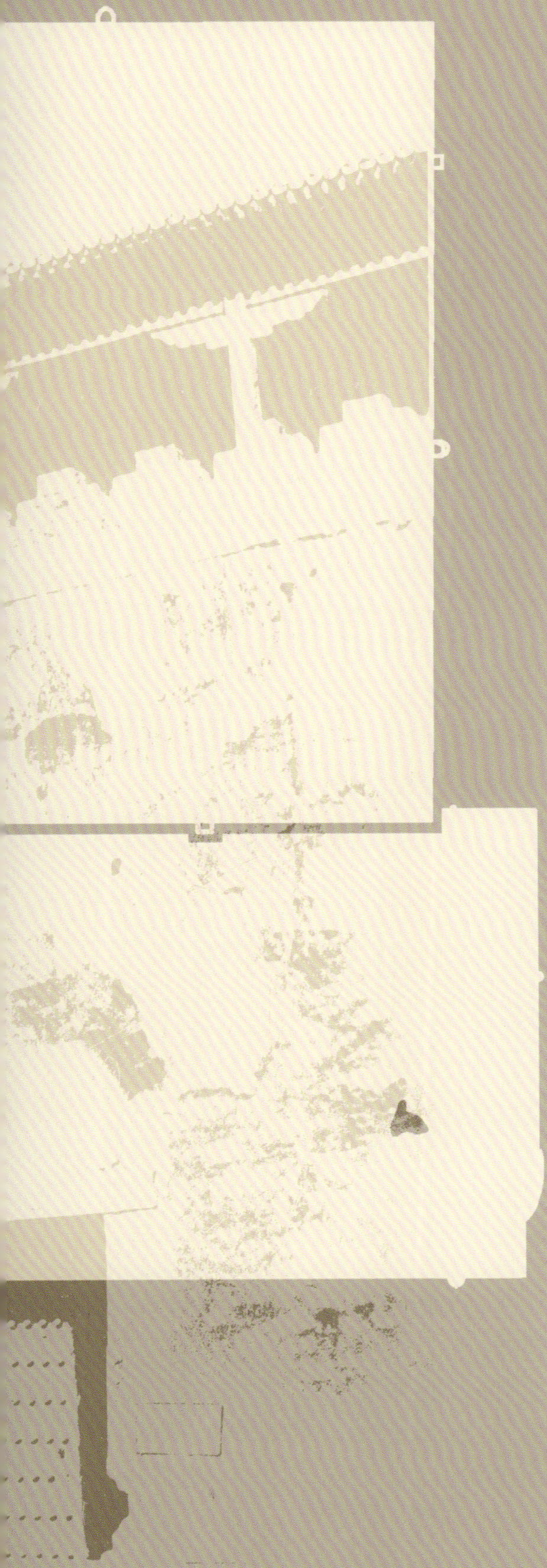

历史博物馆成立于1912年，最初在国子监。1918年迁入端门至午门及其朝房。新中国成立后，更名北京历史博物馆；1959搬至天安门广场东侧新馆大楼，称中国历史博物馆；2003年，与中国革命博物馆合并为中国国家博物馆。

历史博物馆正面标柱上的通告

历史博物馆售票处及博物馆入口

售票處
歷史博物館

历史博物馆入口

历史博物馆展览室内部

故宫

故宫，位于北京中轴线的中心，是中国明、清两代的皇宫。依中国古代星象学说，紫微垣位于中天，乃天帝所居，天人对应，故称此皇宫为紫禁城。始建于明永乐四年（1406年），明永乐十八年（1420年）建成。占地面积约为72万平方米，建筑面积约为15万平方米。宫城周围环绕着长3400米、高12米的宫墙，形成为一长方形城池。墙外有52米宽的护城河环绕。故宫有四门：午门、东华门、西华门、神武门。中轴线上的主要建筑有太和殿、中和殿、保和殿三大殿和乾清宫、交泰殿、坤宁宫后三宫等。故宫是汉族宫殿建筑之精华，无与伦比的古代建筑杰作，也是世界上现存规模最大、保存最为完整的木质结构的古建筑群。1961年3月故宫被国务院公布为全国重点文物保护单位，1987年12月被联合国教科文组织列为世界文化遗产。

午门外日晷

『日晷』指的是人类古代利用日影测得时刻的一种计时仪器，通常由晷针和晷面组成。日晷一般是同嘉量一起并陈，共同展示皇帝公正地处理国家事务的原则。

紫禁城午门内金水河金水桥

此河名为『金水河』，自紫禁城西北角护城河引进，全长达两千多米。金水桥为清康熙二十九年（1690年）重建。内金水桥共五座，单孔拱券式，正中为御路桥，供皇帝专行；东西两侧为王公桥，供皇室成员亲王大臣通行；再两侧为品级桥，供三品以上官员行走。

从金水河东、西两端回望午门内侧的景象。

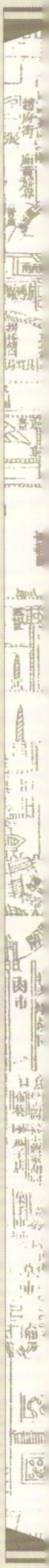

此图与下图是分别从东西两厢体仁阁、弘义阁台基上拍摄的太和殿

从太和门台基上拍摄的太和殿

太和殿前丹陛上的龙石段，右图为龙石段上石雕龙纹的特写镜头

太和殿前日晷

太和殿前嘉量

「嘉量」为古代对体积的标准量器，是帝王公正和国家统一的象征。清乾隆九年（1744年），以「新莽嘉量」为依据，仿制两方形两圆形四只嘉量。现位于太和殿前。

太和殿前金瓯

金瓯实为故宫中的大铜坛，内蓄水，起到消防的作用。其表面镀金箔，故称「金瓯」，取意五行生克中的「金生水水克火」之意。现存金瓯表面金箔不在，且有明显的刮削痕迹，相传为八国联军入侵北京时被其贪婪的士兵刮走。

太和殿内的金色图屏
『东临碣石』

太和殿内陈列的八旗士兵服装。

中和殿

中和殿是故宫三大殿之一，位于太和殿北、保和殿南，起过渡作用，是皇帝在此处休息并接受官员朝拜的地方。其建筑形制，本质上是『亭』。殿高29米，平面呈正方形，为单檐四角攒尖，屋面覆黄色琉璃瓦，中为铜胎鎏金宝顶。图是从中和殿东侧拍摄，旁为保和殿。

中和殿内佛像

中和殿内佛塔

保和殿

保和殿是紫禁城三大殿最后一殿。明永乐十八年（1420年）建成，初名谨身殿，明嘉靖四十一年（1562年）改称建极殿，清顺治二年（1645年）改称保和殿。

保和殿内绡面屏（局部）

此屏以9扇组合，座、框皆木胎髹黑漆，外加金漆彩绘，下承八字形三联须弥座，每扇均在当中以平金工艺绣金龙，中间一扇为正龙，其余为升龙或降龙，故称『九龙屏风』。屏心部分为米色绸地，彩绣海水江崖，流云蝙蝠及暗八仙纹，此屏通高275厘米，宽375厘米应为清雍正年间（1723~1735年）所立。

正大光明
弘敷五典無輕民事

乾清宫内景

可见宫内『正大光明』匾，系清雍正皇帝所题。

养心殿

相片中所摄为今日故宫养心殿的藻井，藻井即为建筑物天花板上的装饰性结构，此藻井最内为金色垂下的盘龙，口悬明珠。且值得一提的是，藻井内并没有完全采用金色，在构图上使用了大量绿色，使整个藻井的艺术感颇具独到之处。推测其原因可能与该殿作为皇帝寝宫有关（作为太上皇帝寝宫的养心宫则使用大量蓝色）。《钦定日下旧闻考》载：『国朝宫史臣等谨按：养心殿为皇上宵旰寝兴之所。』

钦安殿浮雕

钦安殿供奉道教真武大帝，『鹤』在道教中寓意吉祥。

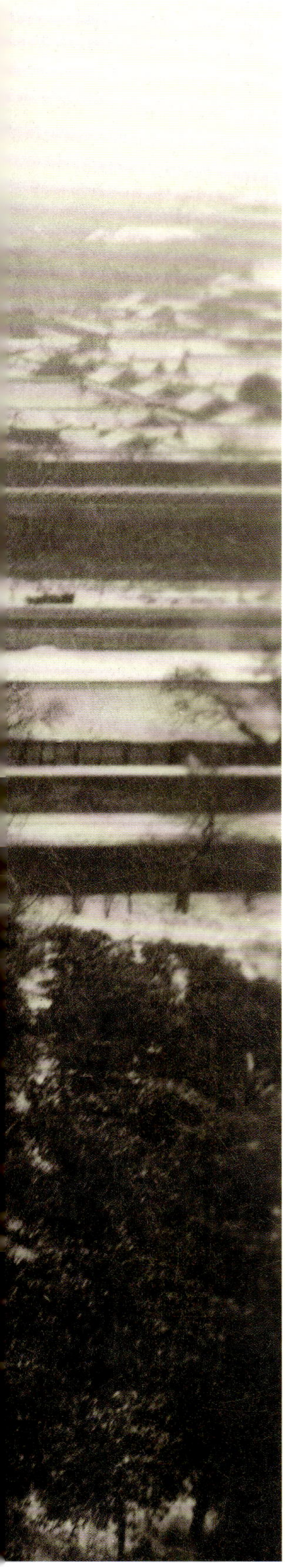

冰雪覆盖下的紫禁城

从景山眺望故宫。
从此图可见北京故宫神武门和景山南门之间的北上门。1956年北上门因道路展宽而被拆除。

从东华门眺望东北角楼

东华门为紫禁城东门，始建于明永乐十八年（1420年），其上城楼为黄琉璃瓦重檐庑殿顶。由于清代大行皇帝、皇后、皇太后的梓宫皆由东华门出入，故民间称之为『鬼门』『阴门』

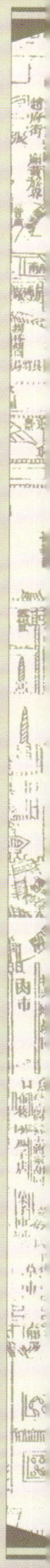

紫禁城的东南角楼、西北角楼

角楼位于紫禁城城墙拐角处，与城垣、城门楼及护城河共同构成皇宫的防卫设施。角楼是故宫所有建筑中结构最繁复的，十字形屋脊，四面凸出，重檐三层。上层是纵横搭交的歇山顶，称『九脊殿』；中层采用二勾连搭的工程做法，用四面环抱的歇山顶环拱中心的屋顶；下层檐为一环半坡顶的，仗上两层5个屋顶形成一个复杂的整体。

紫禁城筒子河

从照片中景山角度推知，此处应为紫禁城西北角处筒子河景象。

紫禁城东北角筒子河内的荷花

太庙

太庙是中国古代皇帝的宗庙。夏称『世室』，商称『重屋』，周称『明堂』，秦汉起称『太庙』。这里的太庙，是明清两代皇帝祭奠祖先的家庙。始建于明永乐十八年（1420年），根据中国古代『敬天法祖』传统礼制建造而成。有面阔十一间的大殿和面阔九间的中殿（寝殿）、后殿（祧殿），东西两侧各有配殿十五间。此外还有神厨、神库、宰牲亭、治牲房等。太庙以古柏著称，树龄多高达数百年。辛亥革命以后，太庙一度仍归清室所有，1924年辟为和平公园，1950年改为劳动人民文化宫，成了北京市职工群众的文化活动场所。1988年1月，太庙被国务院公布为全国重点文物保护单位。

中轴 1

景山

景山地处北京城中轴线上，故宫神武门北。占地32.3公顷，原为元、明、清三代的皇家御苑。据传明代兴建紫禁城时，按风水说法，紫禁城之北的玄武位当有山，故将挖掘紫禁城护城河、太液池和南海的泥土堆积于此，形成五座山峰，成为大内「镇山」，又称「万岁山」。因山下堆放过煤，又俗称「煤山」。山下遍植花草、果木，有「百果园」之称。「景山」一名是清初改称的，山上的万春亭、观妙亭、周赏亭、辑芳亭、富览亭等五座亭子，为乾隆年间兴建。

清光绪二十六年（1900年），八国联军入侵北京，景山受到严重破坏。1928年，景山被始辟为公园，属故宫博物院管理。1955年又重新开放。

2001年，景山被国务院公布为全国重点文物保护单位。

景山公园

位于故宫正北，是中轴线北段的一处景点。

景山俯瞰

在高度400米的景山上空俯视北海景色。山上五座亭子自下而上（自东而西）分别是周赏亭、观妙亭、万春亭、辑芳亭、富揽亭；山前为绮望楼。照片上方水面为北海。

景山万春亭

景山万春亭是中轴线建筑中最高的一座。万春亭建于清乾隆十六年（1751年），坐落于景山顶中央位置，高17.4米，为三层重檐攒尖顶，上覆黄色琉璃瓦，其由32根红柱支撑，共分三层，亭外四周设有五级台阶。由于处在北京城中轴线之上，万春亭被称为俯瞰北京市中轴线风貌的最佳观测点。

右上图中除山上的万春亭外，近处左边的建筑为绮望楼。该建筑黄琉璃筒瓦歇山顶，重楼重檐，建于乾隆十五年（1750年），面阔五间，进深三间。四周有汉白玉护栏。内供奉孔子牌位，是景山官学堂祭拜先师孔子的场所。下图还可见万春亭修葺情形。

清晨的景山

图中景山上可清楚辨认的两座建筑为山顶『万春亭』和山脊『辑芳亭』。其中前者为三重檐，四角攒尖式亭；后者为双重檐，八角形亭。

景山远眺

相传此山立在元朝后宫的旧址之上，意在压胜前朝，因此又叫『镇山』。作为紫禁城建筑群落的收尾，景山占据了整个北京城的制高点，站在景山上可远眺北京城内的各处。

左图为万春亭向南眺望紫禁城，远处隐约可见的高大建筑为正阳门城楼。右图为万春亭眺望地安门大街和鼓楼，图中近处建筑为皇寿殿，中间为地安门，远处高耸的建筑为鼓楼。

景山小憩

地安门大街南望景山

在地安门附近远望景山的万春亭。远处山顶耸立者为万春亭。还可见人力车夫奔走姿势，疑为乘坐人力车时所摄。

北海

北海公园位于景山西侧，在故宫的西北面，与中海、南海合称『三海』。北海园林始建于辽代（907 ~ 1125年），金大定年间（1161 ~ 1189年），沿袭皇家园林『一池三山』的规制，建琼华岛，修大宁离宫；元初，世祖忽必烈三次扩建琼华岛，并纳入皇城。明、清时，为帝王御苑。明永乐十八年（1420年），万寿山、太液池成为紫禁城御苑，称西苑。清乾隆（1736~1795年）时期对北海进行大规模修葺、扩建，前后连续施工30年之久，先后建成北海的静心斋、画舫斋、濠濮间等『园中之园』，奠定了此后的规模和格局。北海公园，是中国现存最古老、最完整、最具综合性和代表性的皇家园林之一。

1961年，北海公园被国务院公布为全国重点文物保护单位。

大高玄殿前的三座牌坊

自神武门至北海公园，要经过大高玄殿。大高玄殿始建于明嘉靖二十一年（1542年），初为斋宫，清代为皇家道观。其门前有三座牌坊，东西向两座，南北向一座。牌坊为木构，以额柱构成三间，额上施斗拱，再上盖瓦顶而成。三座牌坊拆除，南北向的一座为后来复建。中图：大高玄殿第一重门外南面的『乾元资始』『大德曰生』牌坊。左图：『弘佑天民』『太极仙林』牌坊。右图远处牌坊：『孔绥皇祚』『先天明镜』牌坊。1996年，大高玄殿被国务院公布为全国重点保护文物单位。

弘佑天民

金鳌玉蝀桥（北海大桥）

此桥为北海与中海间的分界桥，清时称『金鳌玉蝀桥』。始建于元世祖至元元年（1264年）。桥东西两端各有牌坊，西为『金鳌』，东为『玉蝀』。

此照片珍贵之处在于，与今日所见北海大桥相比，图中七栱均通，而今日所见为20世纪60年代改建后，除中孔继续保证流水外，其余六孔均用砖砌墙用作装饰之用。此外图中牌坊原物也被拆除并于文革中销毁。

北海梵塔

这是一组北海公园景观照片。自南边团城方向过永安桥，走近琼华岛，眺望岛上白塔，俯视碧水、白鹅，倒映绿树白塔，自是一番美景。琼华岛有小山，山巅有瓶形白塔，建于清顺治八年（1651年），为清代最早建佛塔之一。

堆云牌坊与白塔

自永安桥拍摄

北海琼华岛白塔

北海分凉阁

分凉阁位于琼华岛西北部，为长廊西端。

西天梵境

西天梵境坐落于北海北岸，南与琼华岛隔海贯成一线，东临静心斋，西与大圆镜智宝殿相依。西天梵境，又称『大西天』，明代时为经厂，又为大西天琉璃坊，乾隆二十四年（1759年）扩建后，改名『西天梵境』。

小西天『妙境庄严』牌坊

『小西天』位于北海西北岸边。殿南有『妙境庄严』牌坊。虽称『牌坊』，实际上与传统的木、石牌坊有很大区别，其结构为砖砌之券门，仅在表面以琉璃瓦砌作牌坊形作为装饰。

琼华岛眺望

北海位于紫禁城西北，中南海之北，三海相通，钟鼓楼在北海的东北侧。上图为自琼华岛东南望紫禁城宫殿建筑；下图为琼华岛东北向眺望钟鼓楼。

北平图书馆

北平图书馆（北海馆）位于北海西畔，始建于1931年。为一单独院落，占地面积76亩．建筑外观是华丽的中国传统宫殿式结构，内部设施则全部为当时最先进的西式设备，是当时远东最先进的图书馆之一。1949年9月27日更名国立北京图书馆，现为中国国家图书馆（1998年更名）古籍馆。

左图为北平图书馆大门，门前有两尊石狮；右上图为北平图书馆正面全景，院中有两尊华表；右下为北平图书馆主楼台基与廊柱。

上图为乾隆皇帝御制题《旧五代史八韵》；下图为入藏的《四库全书》，为文津阁原藏，是唯一一套原架原函原书保存的版本。

图为当时北平图书馆期刊阅览室。

地安门·钟鼓楼

地安门是老北京中轴线上的重要标志性建筑之一，是皇城的北门，俗称『厚载门』，取『大地厚德载物』之意，又称后门。地安门始建于明永乐十八年（1420年），为砖木结构之宫门式建筑。清光绪二十六年（1900年），八国联军入侵北京，慈禧太后与光绪皇帝即由地安门经德胜门仓皇出城。为便利交通，民国政府于1913年、1923年将地安门东西两侧城墙拆除；1954年底，又将地安门拆除。地安门外大街自元代起即为著名的商业街。现有火德真君庙、旧式铺面房、后门桥、广福观（山门）等市级、区级文物保护单位。

钟鼓楼坐落于北京中轴线北端，南面正对地安门外大街。是元、明、清代都城的报时中心，鼓楼置鼓，钟楼悬钟，『晨钟暮鼓』。始建于元至元九年（1272年），时处于元大都中心，后毁于火。明永乐十八年（1420年）重建，确定了其位于都城南北中轴线北端的地位，为全国规模最大、形制最高的钟鼓楼。后多次损毁，多次修缮，今日所见鼓楼为明代形制，钟镂为清代形制。钟楼报时铜钟铸于明永乐年间，重达63吨，是目前中国现存重量最重的古钟，堪称中国的『古钟之王』。1996年，钟鼓楼被国务院公布为全国重点文物保护单位。

从地安门方向拍摄的景山

根据原照片上的记录，是从地安门上往景山方向拍摄的。地安门是与天安门相呼应的，是皇城的北大门。今日的地安门已经拆除，以原来的位置命名了今天北京的地安门大街。

地安门大街天棚

火神庙

火神庙全称『敕建火德真君庙』，建于唐贞观六年（632年），为每年六月二十二日火祖诞日皇帝遣太常寺官员前往致祭的场所。火神庙平日则属道观，由道教正一派道士主持。如今已演变为庙会性质的祭祀活动。

鼓楼前的街景

鼓楼前的街景

鼓楼曾于民国时作为民众教育馆，展示八国联军入侵北京后屠杀中国人民、抢劫财物的图片和实物。1938～1939年，日伪政府把民众教育馆改名『新民教育馆』，灌输『新民主义』等奴化思想。此照片上之『新民』『教育』展示牌当摄于1939年之后。

修葺中的鼓楼

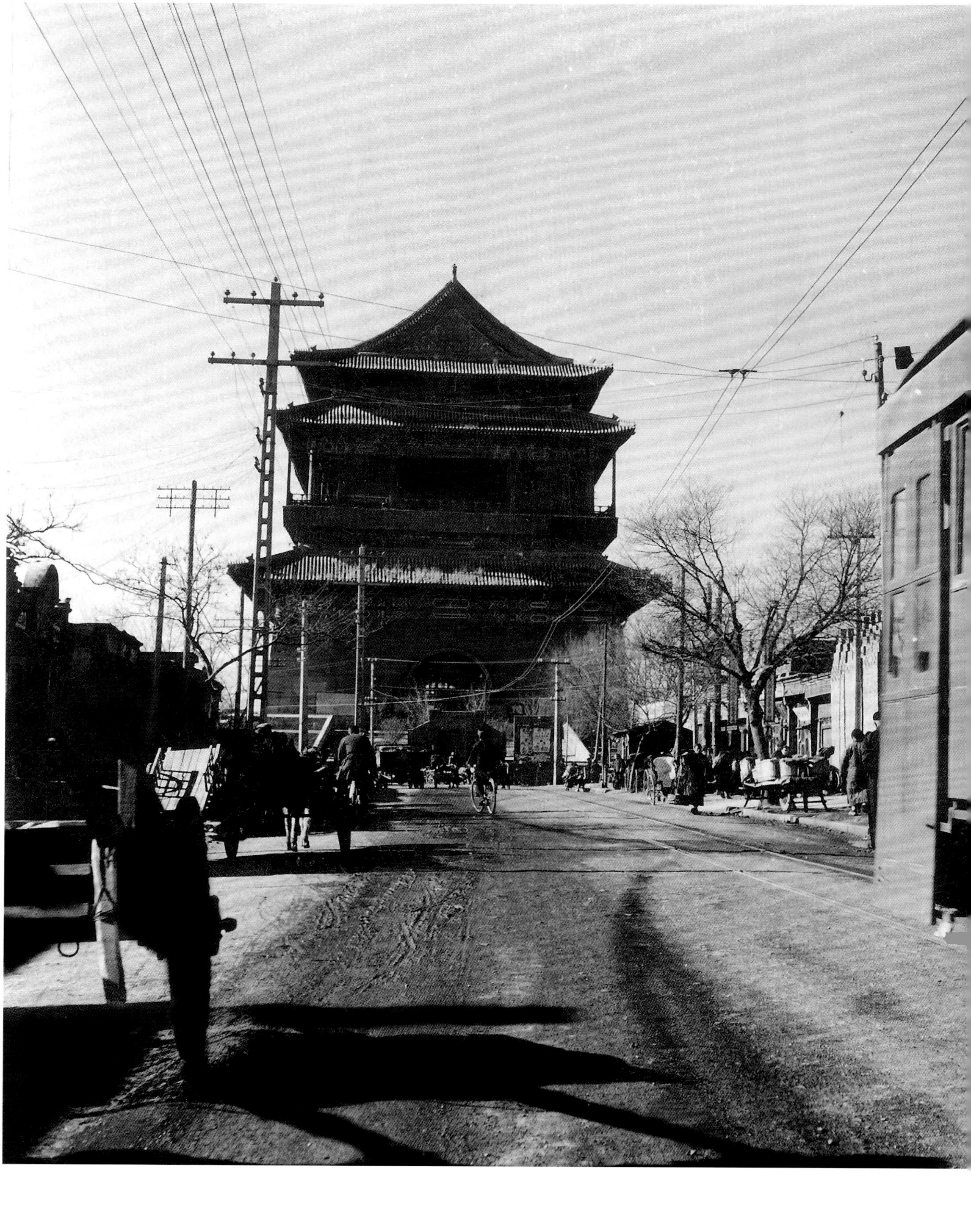

鼓楼内的鼓

置于鼓楼二层大厅内，原有边鼓25面，后仅有此一面残破的主鼓。如今仿制25面鼓均安置于此地。

鼓楼东大街街景

钟楼

钟楼，中轴线北部建筑，位于鼓楼的北面，直至今日外貌没有太大的改变。

钟楼楼身为正方形平面，重檐歇山顶，无梁式砖石建筑，屋顶为黑琉璃瓦绿剪边。楼身四立面相同，当心开一拱券门，左右对称开券窗，周围环以汉白玉栏杆。楼身之下为砖砌城台，城台四面有城，台身四面开券门，内呈十字券结构，东北隅开门，内有台阶七十五级供登临。

左图从拍摄的角度上来看，此幅老照片是应在鼓楼上拍摄的，现在这一区域内的外貌变化是有的，但依然保持了清末民初的大部分味道。

钟楼电影院

1925年，钟楼鼓改作通俗教育馆；后钟楼被单独承包经营，在一楼门厅开设影院，即『民众电影院』。日伪日期，电影院被迫改名为『北京市新民电影院』，宣扬『新民教育』，因受民众抵制于1942年停办。

钟楼内的钟

此钟为明永乐十八年（1420年）铸造的铁钟，高约4.2米，直径2.4米，重约25吨，曾被悬挂于钟楼上；后因声音不够洪亮而被铸铜钟替换下来，置于墙外。此钟1983年被移置于北京大钟寺古钟博物馆内保存，故今日原址已无存。